HEIDELBERGER POETIKVORLESUNGEN
Band 7

Begründet von
FRIEDERIKE REENTS

Herausgegeben von
ANDREA ALBRECHT
TOBIAS BULANG
DIRK WERLE

ANNE WEBER

Lücken

Zwischen Zeilen, Tönen, Ländern,
Sprachen, Sätzen, Wörtern,
zwischen Prosa und Gedicht

Universitätsverlag
WINTER
Heidelberg

Bibliografische Information der Deutschen Nationalbibliothek
Die Deutsche Nationalbibliothek verzeichnet diese Publikation
in der Deutschen Nationalbibliografie;
detaillierte bibliografische Daten sind im Internet
über *http://dnb.d-nb.de* abrufbar.

Die Heidelberger Poetikdozentur am Germanistischen Seminar
ist ein Projekt der Universität Heidelberg in Kooperation mit der
Stadt Heidelberg und Teil der Heidelberger „UNESCO City of
Literature"-Aktivitäten; sie wird unterstützt durch die großzügige
Förderung von Drs. Karin und Peter Koepff.

ISBN 978-3-8253-9533-9

Dieses Werk einschließlich aller seiner Teile ist urheberrechtlich geschützt.
Jede Verwertung außerhalb der engen Grenzen des Urheberrechtsgesetzes
ist ohne Zustimmung des Verlages unzulässig und strafbar. Das gilt insbesondere für Vervielfältigungen, Übersetzungen, Mikroverfilmungen und
die Einspeicherung und Verarbeitung in elektronischen Systemen.

© 2024 Universitätsverlag Winter GmbH Heidelberg
Imprimé en Allemagne · Printed in Germany
Umschlaggestaltung: Klaus Brecht GmbH, Heidelberg
Druck: Memminger MedienCentrum, 87700 Memmingen

Gedruckt auf umweltfreundlichem, chlorfrei gebleichtem
und alterungsbeständigem Papier

Den Verlag erreichen Sie im Internet unter:
www.winter-verlag.de

Reihenvorwort

2022 ging die Heidelberger Poetikdozentur mit der hier nun in Buchform vorliegenden Poetikvorlesung von Anne Weber in eine neue Runde. Drei Jahre waren vergangen seit der letzten Poetikdozentur, die 2019 Ulf Stolterfoht bekleidet hatte. Die traditionell jedes Jahr im Sommersemester stattfindende Veranstaltung hatte 2020 und 2021 wegen der Corona-Pandemie pausieren müssen. Eine so lange Pause hatte es seit Bestehen der Heidelberger Poetikdozentur, also seit 1993 nicht gegeben; umso größer war die Freude aller Beteiligten, die erfolgreiche Veranstaltungsreihe endlich fortsetzen zu können.

Im Rahmen der vom Germanistischen Seminar der Universität Heidelberg ausgerichteten Heidelberger Poetikdozentur werden renommierte Schriftstellerinnen und Schriftsteller eingeladen, im öffentlichen Vortrag Einblick in den kreativen Prozess des Schreibens zu geben. 1993 als Kooperation zwischen der Universität und der Stadt Heidelberg begründet, wird die Poetikdozentur vom Kulturamt der Stadt unterstützt. Sie ist Teil des UNESCO-Programms „City of Literature", dem Heidelberg seit 2014 angehört. Von Beginn an wurde und bis heute wird die Heidelberger Poetikdozentur ermöglicht durch die großzügige Förderung von Dr. Karin Koepff und Dr. Peter Koepff.

Die Heidelberger Poetikvorlesungen erscheinen seit 2018 beim Universitätsverlag Winter. Begründet wurde die Reihe durch die engagierte herausgeberische Arbeit von Friederike Reents. Sechs Bände erschienen so mit den Poetikvorlesungen von Frank Witzel, Felicitas Hoppe, Maxim Biller, Lutz Seiler,

Ulf Stolterfoht und Wilhelm Genazino. Mit dem vorliegenden siebenten Band wechselt das Team, das die Reihe im Auftrag des Germanistischen Seminars der Universität Heidelberg betreut und herausgibt.

Heidelberg, im Sommer 2024

Andrea Albrecht, Tobias Bulang und Dirk Werle

Dirk Werle
Zur Einführung

„Ich trenne meine Bücher nicht in einerseits historische Werke und andererseits Romane. Die literarische Annäherung an Menschen, die existiert haben, kommt nicht ohne Imagination aus, und die sogenannte ‚freie' Erfindung kommt nicht ohne die Realität aus. Die Frage stellt sich mir anders, nämlich eher so: Wieviel Freiheiten kann ich mir nehmen mit einem Menschen, der gelebt hat? Ist er mir nun ausgeliefert? Kann ich mit ihm machen, was ich will? Ich denke, nein. Ich denke, wir schulden den Gelebt-Habenden etwas, was sich vielleicht so zusammenfassen lässt: Wir dürfen sie nicht für unsere Zwecke, seien es literarische oder ideologische, missbrauchen, wir müssen uns bemühen, ihnen gerecht zu werden."

Dieses Zitat entstammt einem Interview, das Anne Weber anlässlich des Erscheinens ihres Romans *Kirio* 2017 gegeben hat. Und das hier geschilderte poetologische Problem treibt die Autorin immer noch um, wie man ihrem 2022 veröffentlichten Buch *Über gute und böse Literatur* entnehmen kann. Es handelt sich um eine Korrespondenz über das Schreiben, einen E-Mail-Wechsel in zwei Teilen, den Anne Weber mit ihrem Autoren-Kollegen Thomas Stangl geführt hat. Darin geht es vorrangig um moralische Dimensionen literarischen Schreibens, die Anne Weber stets auch als formale Dimensionen auffasst: In welcher Form lässt sich ein bestimmter Gegenstand angemessen gestalten, in welcher Form lässt sich eine Figur literarisch fassen?

Der Literaturkritiker Ijoma Mangold hat in einer Besprechung von Anne Webers 2012 erschienenem Roman *Tal der*

Herrlichkeiten hervorgehoben, dass die Autorin mit jedem neuen Buch ein neues literarisches Experiment wage. Dieses literarische Experimentieren hängt mit Anne Webers Überzeugung der engen Verbindung formaler und moralischer Dimensionen des Schreibens zusammen; Anne Weber führt das im E-Mail-Wechsel mit Thomas Stangl aus, wenn sie beschreibt, wie die Erfindung neuer Schreibweisen, gar neuer Genres aus der Frage heraus resultiert, wie man von einem bestimmten Thema, von bestimmten Figuren erzählen kann. So erfindet sie mit ihrem 2011 erschienenen Buch *August*, in dem Johann Wolfgang Goethes einziger Sohn und dessen Kampf um Souveränität gegenüber dem übermächtigen Vater im Mittelpunkt stehen, das Genre des bürgerlichen Puppentrauerspiels.

Ein neues Genre erfindet Anne Weber auch mit ihrem 2015 erschienenen Text *Ahnen*, der im Untertitel als „Zeitreisetagebuch" ausgewiesen ist. Es handelt sich um einen biographischen Text, der von der Recherche der Autorin nach ihrem Urgroßvater Florens Christian Rang handelt, im Text mit dem Kunstnamen Sanderling angesprochen, einem 1864 geborenen und 1924 verstorbenen, mit Berühmtheiten der ersten Hälfte des 20. Jahrhunderts wie Walter Benjamin und Martin Buber befreundeten, aber selbst weitgehend vergessenen Juristen, Pastor, Autor und Philosophen. *Ahnen* ist eine Familiengeschichte, in der die männliche Genealogie der Autorin vom Urgroßvater über den Großvater und Vater rekonstruiert wird, in der aber gerade auch die Schwierigkeiten dieser Art von Genealogie reflektiert werden, wie sie sich allgemein, vor allem aber im Licht der Verknüpfung von privater und öffentlicher Geschichte des 20. Jahrhunderts stellen: Kann man über den Kulturbruch der Shoah hinweg überhaupt eine deutsche Familiengeschichte erzählen? Ist nicht insbesondere die Sprache, in der vor 100 Jahren gesprochen und geschrieben wurde, nur scheinbar dieselbe wie heute, bedeuten die Wörter nicht etwas ganz anderes? Inwieweit müssen die Taten und Äußerungen von Personen, die vor 1933 verstorben sind und mithin nicht direkt für die Schreckenstaten von Krieg und Holocaust verantwortlich gemacht werden können, in deren Licht aber doch anders beurteilt werden? Was bedeutet das für die Nachgeborenen und ihren Umgang mit den Ahnen? Am Ende der Zeitreise, die in einer realen Reise an den in Polen befindlichen ehemaligen Wirkungsort des Urgroßvaters zum Allerseelenfest gipfelt, steht die Formulierung der „Hoffnung, es möge irgendwo in dieser Licht- und Schattentiefe einen Ort geben, an dem alle Toten ungeteilt meine, unsere Ahnen sind".

Die Erzählerin von *Ahnen* berichtet im Laufe ihrer im Text erzählten Recherche von der Lektüre von Florens Christian Rangs Buch *Deutsche Bauhütte. Ein Wort an uns Deutsche über mögliche Gerechtigkeit gegen Belgien und Frankreich und zur Philosophie der Politik*, 1924 erschienen und 2015 wieder aufgelegt mit einem Vorwort von Anne Weber. Die Erzählerin verknüpft den Bericht ihrer Lektüreerfahrung mit einer allgemeinen Reflexion über das Bücherlesen: „Es ist etwas Merkwürdiges mit dem Bücherlesen. Meist gleitet der Lesende auf der Oberfläche der Worte dahin und kann oder will nur vorwärts, nicht in die Tiefe gelangen. Es gibt jedoch Bücher oder bestimmte Passagen, die dem Lesenden das Davoneilen erschweren, die ihn festhalten." Anne Webers Bücher tun beides. Sie erzeugen beim Lesen einen eigentümlichen Sog, und gleichzeitig sind sie so gemacht, dass sie beim Lesen einen gewissen Widerstand bieten. Das gilt nicht zuletzt für Anne Webers 2020 mit dem Deutschen Buchpreis ausgezeichnetes Buch *Annette, ein Heldinnenepos*. Die Entscheidung, das Leben der französischen Résistance-Kämpferin und Streiterin für die Unabhängigkeit Algeriens Anne Beaumanoir nicht als Roman oder gar als Biographie, sondern als Epos in freien Versen zu gestalten, hat unter anderem den Effekt, dass man die Geschichte langsam liest und aufmerksam wird auf die Machart jedes einzelnen Verses. Epen sind in den letzten 200 Jahren ein wenig aus der Mode gekommen; die Entscheidung, an diese alte, ursprüngliche Form des Erzählens anzuschließen, zeugt ein weiteres Mal von beträchtlichem experimentellen Mut. Epen, so die alte, seit Homer und Vergil geläufige Vorstellung, künden von großen Taten der Helden, da ein Held, so die Vorstellung, nicht für seinen eigenen Ruhm sorgen kann, er braucht dafür den Dichter. Dieses alte Modell greift Anne Weber auf, aber in reflektierter Form: Das Epos unterlegt die Erzählung einer zeitgenössischen Heldengeschichte mit der konsequenten Reflexion darüber, ob es überhaupt unter den historischen und gesellschaftlichen Bedingungen so etwas wie Heldentum noch geben kann, welche Rollen Zufall, Scheitern und Schuld für moderne Heldengeschichten haben und inwiefern Heldentum als traditionell männerbezogenes Konzept auch auf Frauen anwendbar ist – als Heldinnenepos eben.

Anne Webers Schreiben ist wesentlich geprägt durch ihre deutsch-französische Mittlerposition, die auch in ihrem 2024 erschienenen „Roman in Streifzügen" *Bannmeilen* zum Tragen kommt, der die soziale Situation in den Pariser Banlieues in den Blick nimmt. Seit vielen Jahren lebt die Autorin in Paris, und alle ihre Bücher veröffentlicht sie sowohl auf Deutsch als auch auf Französisch. Der Umstand, dass die Autorin ihre eigene Übersetzerin ist, führt dazu, dass sie sich größere Freiheiten gegenüber dem eigenen Text erlauben kann als ein auf übersetzerische Treue gegenüber dem Text eines anderen verpflichteter Übersetzer. Das sorgt für die spannende Konstellation, dass ein und derselbe Text in zwei unterschiedlichen Sprachen und gleichzeitig in zwei unterschiedlichen, wenngleich eng aufeinander bezogenen Versionen vorliegt.

Anne Weber ist darüber hinaus auch eine profilierte Übersetzerin literarischer Texte anderer, sowohl aus dem Französischen ins Deutsche als auch aus dem Deutschen ins Französische. Sie hat unter anderem Texte von Marguerite Duras, Wilhelm Genazino, Peter Handke, Pierre Michon, Erich Maria Remarque und Birgit Vanderbeke übersetzt. Für ihre Übersetzung von Cécile Wajsbrots Roman *Nevermore*, erschienen 2021, hat sie den Preis der Leipziger Buchmesse erhalten, und durch diese Ehrung hat die Jury in gewisser Weise auch das Übersetzen selbst geehrt, denn Wajsbrots Roman erzählt von der Übersetzung eines Kapitels aus dem Roman *To the Lighthouse*, *Zum Leuchtturm* von Virginia Woolf aus dem Englischen ins Französische. Indem Anne Weber diesen Text wiederum ins Deutsche übersetzt, übersetzt sie nicht nur einen literarischen Text, sondern sie übersetzt auch die literarische Darstellung des Übersetzungsprozesses, gewissermaßen übersetzt sie das Übersetzen selbst.

In ihrer im Juli 2022 gehaltenen und hier nun gedruckt vorliegenden Heidelberger Poetikvorlesung gibt Anne Weber Auskunft über ihr Schreiben. Sie spricht und schreibt über Lücken als Leerstellen im Text, über Arten des Verstehens, die nichts mit Analyse zu tun haben, über Unterschiede zwischen den Schreibweisen von Roman und Biographie und über ihren Weg und Zugang zur Literatur.

Anne Weber
LÜCKEN
Zwischen Zeilen, Tönen, Ländern, Sprachen, Sätzen, Wörtern, zwischen Prosa und Gedicht

Poetik, Poetik, lass' mich nachdenken, habe ich so was überhaupt? Vielleicht eher Ticks als *poetics*?
Aristoteles, ja, der hatte eine genaue Vorstellung davon, wie eine Tragödie auszusehen habe. Vielleicht hat er deshalb nie eine geschrieben.

Poetik, Poetik. Hat das auch was mit Ethik zu tun?
Natürlich nicht, aber womöglich schon?

Ich möchte mit dem Buchstaben ‚h' beginnen.
Ha!
Mit Dingen, die nicht ganz zusammenpassen.

Die Franzosen können bekanntlich kein ‚h' aussprechen, am Anfang der Wörter überspringen sie es systematisch, wenn auch nicht immer auf die gleiche Weise. Mal behandeln sie das ‚h', als sei es stumm und unsichtbar, wenn sie z.B. ‚l'homme' sagen, der Mensch. Dann wieder saugen sie es ein, es ist dann ein ‚h aspiré' und entsteht wie beim Gendern durch einen kurzen Atemstop oder Glottisschlag. Statt ‚l'haricot' heißt es ‚le haricot', die Bohne. Wenn man etwas verschwinden lassen will, kann man es entweder als nicht vorhanden behandeln oder es ersetzen durch eine Leerstelle, in der es immerhin noch widerhallt.

Der Buchstabe ‚h' spricht sich im Französischen ‚hache', wie ‚la hache', die Axt. Gleich sehe ich Köpfe rollen. Führt der Weg von der Poetik zur Ethik an dieser Guillotine vorbei?

Dem ‚h aspiré' entspricht im altgriechischen Alphabet – nicht, dass ich auf einem humanistischen Gymnasium gewesen wäre, ich habe das irgendwo aufgeschnappt –, dem ‚h aspiré' entspricht also im Altgriechischen ein Akzent, eine Art umgekehrtes Komma, das über den Anfangsbuchstaben eines Wortes gesetzt wird. Dieses kleine Zeichen nennt sich δασὺ πνεῦμα (*dasù pneûma*), was übersetzt wird mit ‚rauer, unhöflicher Geist' oder ‚Atem'. Es entspricht einem kurzen Luftanhalten.

Die Dichtung atmet, sie atmet mal schneller, mal langsamer, sie holt Atem, nimmt den Atem, uns, mir. Das kann auch mal unsanft sein. Aber unhöflich?

‚H' wie Höflichkeit?

Nein, Dichtung ist nicht höflich, doch da sie ursprünglich Musik ist, ein Gesang, zu dem mit den Füßen ein Rhythmus geschlagen wird, muss sie wohl etwas mit Takt zu tun haben, und vom Takt ist es wiederum zur Höflichkeit nicht weit.

Tiktak, tiktak, badabaaam, badabum, die Zeilen blähen sich an manchen Stellen auf wie bei Saint-Exupéry die Schlange, die den Elefanten gefressen hat, oder sie schießen in die Höhe, Silben schaukeln hoch und runter, es ist ein Reigen, der seit Urzeiten immer weitergeht oder von vorne beginnt. Es ist der Atem der Menschheit, so erzählt sie sich die Welt, eine Welt, die durch Augen und Ohren in sie Einlass findet und durch den Mund wieder hinausgelangt, durch den äußeren oder auch durch jenen inneren Mund, der beim Schreiben die Wörter formt. Sie verfällt in einen Rhythmus, sie wird von ihm getragen, bald ist es ein träger Fluss, bald ein flinkes Plätschern, bald ein Stolpern oder Stottern oder Hecheln, doch nichts davon ist möglich ohne Atemholen, ohne Pausen oder Lücken, ohne Leerstellen, die nicht dazu da sind, mit Sinn gefüllt zu werden. Es sind Öffnungen hin zu etwas, was außerhalb des Erzählverlaufs liegt und für das dieser Raum schafft, wie wenn jemand auf einer Wanderung innehält, um Luft zu holen, und dabei sein Blick auf einer unter die Räder gekommenen Amsel verweilt oder auf einer Raupe, durch deren Körper kleine, sie vorwärts schiebende Wellen rollen. Die Lücke kann sich nach innen und nach außen öffnen, das blitzartige Gewahr-Werden, die Luft zum Atmen sind lebenswichtig für die Erzählung. Mind the gap!

Indem ich darüber nachdenke, fällt mir eine bestimmte Lücke in einem bestimmten Satz ein, die mir unerklärlicherweise jedes Mal, wenn ich lesend vor ihr anhalte, oder doch fast jedes Mal, die Tränen in die Augen treibt. Was mich an diesem Satz bewegt, ist nicht oder nicht nur seine Bedeutung, es ist vor allem das durch ein Komma gekennzeichnete Innehalten und damit Hervorheben des einzelnen kleinen Wortes, das auf die Pause folgt. Die Lücke klafft im letzten Satz von Pierre Michons *Leben der kleinen Toten*. In diesem Buch erzählt Michon von acht unscheinbaren, längst vergessenen Existenzen und lässt diese Menschen in ihrer Unzulänglichkeit und Größe nacheinander noch einmal vor uns auferstehen. Das Buch endet mit den Worten:

> Que dans mes étés fictifs, leur hiver hésite. Que dans le conclave ailé qui se tient aux Cards sur les ruines de ce qui aurait pu être, ils soient.

> Möge in meinen erdachten Sommern ihr Winter zaudern. Mögen sie in dem geflügelten Konklave, das in Les Cards über den Ruinen des möglich Gewesenen schwebt, sein.

In dieser kleinen Lücke ist etwas Unsagbares, Gewaltiges enthalten. Dieses Stocken und das nachklappende ‚sein' haben – als Schlusspunkt des Buches – eine seltene Schönheit, aber warum das so ist, wie genau die Wirkung dieser Lücke sich entfaltet, ist letztlich so unergründlich wie ein bestimmter Moll-Akkord oder ein Ritardando: Man kann diese Wirkung zwar beschreiben und vor allem spüren, vermutlich lässt sie sich sogar erklären, aber die Erklärungen können nicht erschöpfend sein, oder wenn, dann erschöpfen sie nur uns, die wir sie gerne erfassen würden, und nicht ihr Sujet. Vielleicht ist es generell so mit der Literaturwissenschaft und auch mit der Poetik: Das Eigentliche liegt immer irgendwo dahinter oder darunter oder darüber, verborgen in einer Lücke oder einem doppelten Boden, es entzieht sich den Erklärungen und überhaupt dem Erfasst-Werden. Es ist, als wolle man mit einem Geigerzähler einen Vers ergründen oder eine Melodie mithilfe eines Röntgengeräts durchschauen.

Poetik, Poetik, was willst du also von mir hören?
    Während ich hier nachklappenden Verben und mysteriösen Lücken nachsinne, gehen zweitausend Kilometer weiter östlich Bomben nieder und reißen ganz andere Arten von Lücken, sie schlagen Krater in die Erde und Löcher in Häuser, sie töten Frauen und Männer und Kinder. Kannst du, täglich an dieses Gemetzel gemahnt, nicht endlich mal den Mund halten, Dichtung? Oder quasselst du einfach weiter, was immer geschehen mag, führst Zwiegespräche, die am Ende wohl doch nur Monologe sind, und beugst dich zuletzt noch mit der Lupe über die eigenen Schöpfungen, von denen du letztlich zugeben musst, dass du selbst nicht kapierst, wie sie zustande kamen?

Die Dichtung erhebt sich, sie ist klein, sie ist groß, sie hat tausend Stimmen, tönt aus allen Ecken und allen Zeiten; ein Kriegsgeschrei ist es nicht, was sie anstimmt, dabei hat sie Kriege erlebt, so viele, so viele, und an alle erinnert sie sich; sie erinnert sich an den Peloponnesischen Krieg und hat die Stimme des Thukydides, sie spricht mit der Stimme von Isaak

Babel und erinnert sich an den Polnisch-Sowjetischen Krieg 1920, ihre tausend Augen sind offen, sie sieht nicht alles, nein, bei weitem nicht alles, und manches sieht sie durch ihre Tränen hindurch verschwommen, sie sieht die „heilige Republik der Bienen" sterben, hört ihr kaum mehr vernehmbares, letztes Brummen, sie sieht die Sonne, einen blutigen, abgetrennten Kopf, durch den Himmel rollen.

Sie ist ein Jahrtausende altes Kind. Was wir von ihr wollen, was wir an ihr beanstanden, worauf wir ihren Blick lenken wollen, bemerkt sie nicht.

Sie ist wach, sie sieht und ist auf allen Augen blind.

Wir sitzen vor unseren Bildschirmen und essen ein Stück Brot, der Krieg ist bei unseren Nachbarn und vielleicht demnächst bei uns, wir haben Angst und treiben Sport. Alle gehen ungestört, oder meinetwegen auch gestört oder beunruhigt, ihren gewohnten Beschäftigungen nach. Und ausgerechnet die Dichtung soll ihre tausend Münder halten?

Gibt es denn für sie etwas zu sagen? Wer etwas zu sagen hat, solle es halt sagen; er habe etwas zu schreiben, sprach ein Dichter einmal. Schlechter gesagt: Literatur hat weder Anteil am politischen noch am gesellschaftlichen noch an sonst irgendeinem Diskurs, der Diskurs ist ihr Tod, das Unmittelbare ihr Verderben, ebenso wie Meinungen, Stellungnahmen, Welterklärungen.

Ist Literatur denn gleichgültig? Ist sie unempfänglich für den Tod, der aus dem Himmel zuschlägt und die Nachbarn ermordet? Müsste sie nicht reagieren?

Aber was heißt reagieren? Wer unter einem Himmel lebt, aus dem Bomben fallen, kann reagieren, indem er versucht, mit seinen Kindern und alten Eltern einen Luftschutzkeller zu erreichen. Wer aber diese Bomben nicht aus dem Himmel, sondern auf Bildern und in seiner Vorstellung fallen sieht, ist ohnmächtig, nein, noch nicht einmal das, er fühlt sich nur ohnmächtig. Er hat Glück, er ist nicht nur ein Schriftsteller, sondern ein Bürger, eine Bürgerin, ein Mensch, und als ein solcher kann er doch etwas tun, er kann vor dem Krieg Fliehenden eine Unterkunft anbieten, er kann Geld oder Sachen spenden an Einzelne oder an Hilfsorganisationen. Jetzt, da er sich ihrer schlagartig bewusst geworden ist, kann er versuchen, seine bestürzende Ahnunglosigkeit, Unwissenheit und Blindheit der vergangenen Jahre zu lindern, er kann versuchen, sich endlich ein Bild zu machen von den Ereignissen, die dem Krieg vorausgingen und, begrenzt noch auf den Donbass und die Ostukraine, auch schon Krieg waren; er kann versuchen, sich Osteuropa lesend zu nähern.

Als schreibender Mensch aber kann er sich einem Krieg, den er auf dem Bildschirm oder in der Zeitung verfolgt, gar nicht oder nur durch gewaltige Umwege nähern, was soll das sonst für ein Geschreibsel sein? Krokodilsträngedichte aus dem sicheren Wohnzimmer? Rüstungs- oder Entrüstungsprosa? Reise-Erinnerungen? Etwa so: Als ich vor Jahren mal vom Goethe-Institut nach Odessa eingeladen war, da war es dort noch so und so, ja, war viel los in dieser Stadt, das kulturelle Leben war so rege, und jetzt das, unvorstellbar? Unvorstellbar in der Tat, dass dir nicht vor Scham der Stift aus den Fingern rutscht oder die Tastatur auf dem Kachelboden zerschellt, dir, dem bei diesem Krieg als Erstes wieder nur du selbst einfällst, dir, dem sowieso immer etwas einfällt, du Einfalls- statt Einfaltspinsel, du! – Und mir, die ich einfach weiter an meinen vor dem Krieg schon begonnenen poetologischen oder poetounlogischen Betrachtungen sitze? Die ich mich zwinge, dabeizubleiben, auch wenn die Gedanken abschweifen.

Auf die Gesamtsumme aller Gedanken gerechnet, wie viele schweifen ab? Sind es nicht die allermeisten? Ist es nicht geradezu ein entscheidendes Merkmal des Gedankens, dass er abschweift, also in Bewegung ist?

Unsere Gedanken bewegen sich immer wieder in Richtung Osten in diesen Tagen. Und von dort aus weiter? Irgendwo auf der Erde ist immer gerade Krieg, mancherorts, wie im Jemen, dauert er schon viele Jahre lang an. In Syrien gibt es schon seit zehn Jahren keinen Frieden mehr, und es hat Hunderttausende von Toten gegeben. An diesen Kriegen waren wir, unsere Länder, unsere Regierungen und damit wir Bürger, mindestens als Waffenlieferanten beteiligt. Zu keinem Zeitpunkt haben diese Kriege, haben ihre ungezählten Toten uns davon abgehalten, Romane oder Gedichte zu schreiben. Und nun also, weil es ein Krieg ist, der näherrückt und wir demnächst selbst betroffen sein könnten, diese Lähmung, dieses Ohnmachtsgefühl? Für diese Art der selektiven Betroffenheit schämen wir uns, jedenfalls manche von uns, aber was könnte eine Allseits- und Allzeitbetroffenheit anderes sein als eine Allseits- und Allzeitverlogenheit?

Cécile Wajsbrot hat nach dem Bataclan-Anschlag 2015 in Paris an Virginia Woolf erinnert, die angesichts des beginnenden Weltkriegs das Bedürfnis verspürt, patriotische Artikel zu schreiben; die merkt, dass sie sich keiner langen Prosa-Arbeit widmen kann und am 23. September 1939 in ihr Tagebuch notiert: „Einmal mehr sind wir Journalisten": als sei eine der Nebenwirkungen eines Krieges, Schriftsteller in Journalisten zu verwandeln.

Ich denke dieser Tage eher: Einmal weniger bin ich Journalistin. Nicht, dass ich das Gefühl hätte, über den Dingen zu stehen – aber ist es nicht die Aufgabe von Journalisten zu informieren? Wen um Himmels Willen könnte ich worüber informieren? Habe ich je das Gefühl gehabt, weniger Ahnung zu haben?

Die Aufgabe von Literatur ist es... keine Aufgabe zu haben, alle Aufgaben, die man ihr stellen will, zu verweigern. Hat sie eine Macht? Gewiss keine unmittelbar politische und schon gar keine militärische, doch hat sie sehr wohl eine Macht: Wer je mit ganzer innerer Anspannung und Anteilnahme gelesen hat, hat sich ihr nicht entziehen können. Sie hat die Macht – und es ist ein Journalist, Mladen Gladić, der es so beschrieben hat –, „Gemeinschaft zu stiften und Entzweiungen zwischen dir und mir, Jetzt, Gestern und Morgen zu überwinden". Sie hat die Macht, mithilfe kleiner schwarzer Zeichen, in denen Klang und Sinn untrennbar miteinander verschmolzen sind, aus dem Nichts – aus dem Alles – aus dem All – eines einzelnen Kopfes belebte Welten erstehen zu lassen.

Und hat sie nicht doch auch politische Macht? Wenn, dann allerdings nicht in dem Sinn, wie solche gemeinhin verstanden wird. Sie kann Menschen verändern. Sie kann, solange sie es nicht darauf anlegt, bessere Menschen aus ihnen machen. Was heißt ‚bessere'? Fragende, Zweifelnde, aus ihren Gewissheiten und Denkgewohnheiten Gerückte und Geschüttelte, ihnen Unähnlichem sich Öffnende, ihre Vorstellungskraft Erweiternde, mit sich selbst, mit anderen – auch mit nichtmenschlichen Geschöpfen und mit Gegenständen und Erscheinungen – in ein Zwiegespräch Eintretende. Wenn das nicht politisch ist!

Schön und gut, aber noch einmal zurück zum Jetzt, zu einem Jetzt, das Krieg heißt nebenan – welche Macht hat sie in diesem Jetzt?

Keine.

Hat der Krieg umgekehrt Macht über sie?

Wahrscheinlich schon. Aber noch einmal: Die Rede ist hier von einem Krieg, der bisher nicht bei uns, sondern nebenan stattfindet. Hier hat er die magnetische Kraft, Gedanken in seine Richtung zu lenken. Auch rückt er vieles, zum Beispiel die politischen Verhältnisse im eigenen Land, in ein anderes Licht. Für literarische Erzeugnisse ist er gefährlich, weil er sich als eine Art Prüfstein erweist, der ihre Harmlosigkeit und

Läppischkeit ans Licht treten lassen kann. Zum Beispiel veröffentlicht dieser Tage ein bekannter französischer Autor einen neuen Roman, in dem er davon erzählt, wie ihm mitten in einem der jüngsten Lockdowns seine Wohnung in der schönen, auch literaturgeschichtlich bedeutsamen Rue de l'Odéon gekündigt wurde und er also umziehen musste. Bitter, wenn man dreißig Jahre wo gelebt hat und dieses Wo auch noch eines der zentralsten und teuersten Pariser Pflaster ist. Vielleicht wäre das Läppische an diesem Buch niemandem weiter aufgefallen – und vielleicht ist es auch jetzt nur mir aufgefallen –, wenn nicht dieser Tage in unserer näheren Umgebung Millionen Menschen nicht etwa ‚umziehen', sondern mit einer Tasche und dem, was sie am Leib tragen, in ein fremdes Land, dessen Sprache ihnen unverständlich ist, flüchten müssten, geliebte Freunde und Verwandte in der Gefahr zurücklassend. Was macht man nun, wenn man ein solches Buch geschrieben hat, das gewiss, davon können wir ausgehen, geistreich ist und – die Bibliothek musste natürlich auch mit umziehen – voller literarischer Anspielungen steckt, was macht man also, wenn die letzte Seite endlich geschrieben ist und kurz vor Erscheinungsdatum bricht ein Krieg aus und rückt das Buch in ein seltsames Licht?

Es steckt viel Arbeit in geist- und anspielungsreichen Romanen. Leicht dürfte es nicht sein, sich in einer solchen Lage dazu durchzuringen, ein vermutlich nicht per se schlechtes, sondern nur kurzfristig, durch den hier drohenden, dort bereits realen Zusammenbruch der gesicherten Lebensverhältnisse fragwürdig gewordenes Buch vor dem Erscheinen zurückzuziehen. Doch vermutlich gehört schon dieses ‚nicht per se schlecht' in Frage gestellt: Muss nicht jedes Buch gleich welchen Verhältnissen, auch dem Krieg, auch der Unterdrückung, standhalten können? Wie viele literarische Werke bleiben, nach derartigen Kriterien betrachtet, überhaupt noch übrig?

Auf besagten französischen Roman bin ich durch eine – durchaus lobreiche – Rezension aufmerksam geworden, und im Gedanken an die vielen durch Bomben zerstörten und ausgebrannten ukrainischen Wohnungen ist er mir suspekt geworden, doch kann man natürlich nicht aus einer knappen Zusammenfassung auf die Qualität eines Buches schließen; dass es nicht auf das Was, sondern auf das Wie des Erzählens ankommt, ist eine Binsenweisheit. Nur gibt es, außer vielleicht in avantgardistischen Bewegungen wie dem Dadaismus oder dem Lettrismus, kein Wie ohne jegliches Was, schon gar nicht in der Prosa, also über eine gewisse Erzähldauer hinweg. Kann ein Wie egal welches Was zu Literatur erheben? Wenn ja, warum also nicht einen banalen Umzug? Oder die Verhältnisse in der feinen Pariser Gesellschaft, vereint mit ausschweifenden Beschreibungen sinnlicher Wahrnehmung, wie bei Proust?

Proust, sagen manche, das sei Literatur für raffinierte Menschen höherer Bildungsklassen: Was interessiert mich, wie's bei den vornehmen Leuten damals in Paris zuging. Wer so denkt, sollte vielleicht das Buch des polnischen Künstlers und Autors Józef Czapski lesen, aus dem hervorgeht, wie er, der 1939 in sowjetische Kriegsgefangenschaft Geratene und knapp dem Massenmord von Katyn Entgangene, im Gulag seinen Mitgefangenen, die ebenso ausgehungert und halb erfroren waren wie er selbst, in allen Details, deren sein Gedächtnis habhaft werden konnte, die *Recherche* nacherzählte. Der Proust'sche Roman, der eine gewaltige Fülle von Erinnerungen enthält, wird in diesem Buch seinerseits eine ‚verlorene Zeit', die unendlich fern scheinende Zeit der Proust-Lektüre, die aus der Erinnerung noch einmal neu erschaffen wird und in ihrer neuen Gestalt wärmt und stärkt und aufrichtet wie nur je etwas. Er wird zu einer Überlebenshilfe.

Es ist verrückt, denke ich plötzlich: Kürzlich ist die Korrespondenz erschienen, die ich über Monate mit dem österreichischen Schriftsteller Thomas Stangl geführt habe und in der es unter anderem um die Frage ging, was gute Literatur ausmache. Wir haben die Frage nicht abschließend beantworten können, wie auch?, aber wir sind auf nicht wenige gute Gedanken gekommen, scheint mir. Doch dieses sehr einfache Kriterium, das ich eben benannt habe, ist uns nicht eingefallen: dass Literatur dem Krieg, der Unterdrückung, der Not standhalten können muss. Sie muss nicht davon handeln. Aber sie muss ihnen gewachsen sein. Sie kann sich auf vielerlei Weise gegen Gewalt, Demütigung, Verfolgung wehren, sogar mit absurder Komik. Doch wenn hinter dieser Komik, hinter dem Spiel kein tiefer Ernst sitzt, kein Bewusstsein für die Bedingtheiten, in denen wir gefangen sind, und für all das Un- und vor allem Nicht-Menschliche, das uns umgibt und dessen Teil wir sind – ja, dann ist diese Literatur wohl nicht der Rede wert. Dass wir nicht die Notwendigkeit verspürt haben, diesen Gedanken, der uns vermutlich gar nicht fremd war, zu formulieren und an den Anfang unseres Austauschs ein Kriterium zu stellen, das für alle Literatur, ja, alle Kunst Gültigkeit hat, zeigt unsere Sorglosigkeit. Es gibt diesen Prüfstein, auch wenn er uns nicht in jedem Fall zu eindeutigen Antworten verhilft, weil wir uns nicht immer darüber einig sein werden, welches Kunstwerk nun den Verhältnissen standhält und welches nicht. Schön wäre es nun, wenn wir dieses Kriterium nur auf die Werke anderer anwenden und ihnen Läppischkeit bescheinigen könnten; leider müssen wir aber wohl auch die eigenen neu beäugen, das heißt, nein, wir müssen es nicht, wir tun es unwillkürlich, wie man ein Gemälde nicht länger genauso sehen kann wie zuvor, wenn die Lichtverhältnisse sich geändert haben. Das eine oder andere Buch werde ich vielleicht aus meiner Bibliographie streichen müssen. Welches, verrate ich... ein andermal.

Damit es hier heute auch noch um anderes geht als um Krieg und Literatur, nehme ich noch einmal einen neuen Anlauf und kehre dafür zu der Aussage zurück, Literatur habe die Macht, aus dem Nichts oder Alles eines einzelnen Kopfes belebte Welten erstehen zu lassen. Dazu fällt mir das Wort ‚Kopfgeburt' ein, das von Literaturkritikern gerne abfällig verwendet wird, im Sinne von: ausgedacht, artifiziell, ohne Zusammenhang zum Geschehen in der Welt (sie nennen es ‚Welthaltigkeit'). Nun könnte man natürlich fragen, wo diesen Kritikern zufolge denn Bücher sonst geboren werden sollen, wenn nicht im Kopf? Im großen Zeh? In den Gedärmen vielleicht? Jedes Buch ist eine Kopfgeburt.

À propos Geburt: In den Büchern kinderloser Schriftstellerinnen sehen Männer gerne einen Kinderersatz, wie ich gerade wieder im Radio am Beispiel von Karen Blixen feststellen konnte. In den Büchern kinderloser Schriftsteller hingegen sieht nie jemand einen Kinderersatz. Was hat es auf sich mit diesem Kindervergleich?

Wenn ich meine Bücher nicht als Einzelwesen betrachte, sondern mir stattdessen meine sämtlichen Schriften als ein einziges, langes, zum Teil unveröffentlichtes Buch denke, das ich Ende der 70er Jahre als junges Mädchen begonnen habe und das hoffentlich noch eine Weile unvollendet bleiben wird, dann würde dieses sehr dicke Buch mit Gedichten beginnen, sich dann über ein „Zeitreisetagebuch" und ein „bürgerliches Puppentrauerspiel" allmählich in Richtung Erzählung und Roman bewegen, um irgendwann wieder bei der Versform zu landen.

Warum?

Als Jugendliche habe ich mit Leidenschaft Gedichte gelesen. In meinem Zimmer, das abseits lag vom Rest der Wohnung, habe ich laut, vielmehr eher leise, Gedichte gelesen, ich habe sie mir mit Inbrunst und aller Ausdruckskraft, derer ich fähig war, vorgesagt, bald davongaloppierend („Walle, walle, | Manche Strecke! | Daß, zum Zwecke, | Wasser fließe…"), bald wehmütig-schwebend („flog durch die stillen Lande | als flöge sie nach Haus"), ich lernte, wie Crescendo und Decrescendo gehen, und ich lernte, mich in der sprachlichen Dunkelheit nicht zu fürchten: Meine Stimme bahnte mir einen Weg durch jedes undurchsichtige Unterholz, und im Vorüberziehen traf mich hin und wieder ein Lichtstrahl; ich verstand kein Wort und verstand doch alles. Ich verstand, dass diese Lust, diese Glückseligkeit, dieses Leid, dieses Sehnen, die hier verborgen lagen, meine waren, dass sie in diesen umgebrochenen Zeilen wie in einem Schrein verborgen lagen, dass sie niemandem gehörten; und allen.

Ich wusste nicht, was Menschen an anderen Orten und zu anderen Zeiten durchgemacht hatten und noch durchmachten und glaubte, selbst schon unendlich gelitten zu haben.

„Nun, nun müssen dafür Worte, wie Blumen, entstehn", las ich.

Ich las es in Hölderlins Elegie „Brot und Wein", die ich quasi blind durchquert hatte bis hierhin.

Was ich nicht wusste, war unter anderem, dass Dichter nicht nur nach innen sehen, wie ich selbst es tat. „Süßer Lamasohn auf Moschuspflanzenthron"! Für mich waren alle Gedichte Liebesgedichte, und Blumen waren Metaphern, nachmittagelang schwelgte ich in süßen Tränen, als gäbe es dreißig Meter weit von meinem Zimmer entfernt keine vierspurige Ausfallstraße und über meinem Kopf keine Flugzeuge, die sich im Tiefflug dem Frankfurter Flughafen näherten, als gäbe es keine Klassenarbeiten, keine Mülleimer und keine Jahreszeiten. Nur was sich dem großen Liebesleid einverleiben ließ, hatte eine Existenz.

Im Grunde ist es immer noch so, dass ich Gedichte verstehe und nicht verstehe. Nur weiß ich mittlerweile, dass es keine Gedichte wären, wenn ich sie vollends verstehen könnte. Ich habe gelernt, dass es eine andere Art des Verstehens gibt, die nicht nur Intuition ist und doch nichts mit Einordnungen und nichts mit Analyse zu tun hat. Und dass man auch in dieser Art des Verstehens, nachsinnend, ganz für sich, Fortschritte machen kann. Und wenn der Verstand gar nicht weiterhilft, kann man immer noch hinhören, wie man einem Konzert lauscht oder einer Melodie, die aus einem Fenster dringt.

Ich sprach also jahrelang Gedichte in den Raum und kam mir als Bewohnerin dieser Nebelwelt recht besonders und bedeutungsvoll vor. Doch hätte mich jemand beim lauten Gedichtelesen ertappt, wäre es mir schrecklich peinlich gewesen – das ist das Wesen von Geheimnissen. Vom Gedichte-Aufsagen kam ich zum Gedichte-Schreiben.

Von diesem frühen Gedichte-Schreiben ist mir in Erinnerung geblieben, dass es in einem seltsamen Schwebezustand geschah, meine Gedanken waren in keine bestimmte Richtung unterwegs, kaum, dass sie Gedanken, also Wörter waren. Ich ließ sie vorüberziehen, diese merkwürdigen Zwitterwesen zwischen Sinnhaftigkeit und Gemütsverfassung, bis sich aus ihnen etwas löste, ein Wort oder eine Wortfolge, mit denen ein Anfang gemacht war, und dieser Anfang war wie ein Magnet, der weitere Wörter aus dem Kopffirmament holte und an sich zog. Nein, ganz von alleine ging es nicht. Es brauchte dazu weiterhin meinen Einsatz, es brauchte meine ganze gespannte, auf einen unbestimmten Punkt gerichtete Aufmerksamkeit. Und irgendwann stand auf dem Blatt das Gedicht.

Es wäre mir frevelhaft erschienen, mir irgendein Thema oder Erlebnis vorzunehmen. Gedichte mussten aus dem Nichts entstehen und sich ins Grenzenlose weiten, sie durften keinen eindeutigen Inhalt haben. Es hatten wilde, freie, geheimnisvolle Wesen zu sein, denen ein ‚Stoff' oder ein ‚Gegenstand' Zwangsjacken gewesen wären. Dass es auch Gedichte gibt, die etwas erzählen, Schillers „Bürgschaft" zum Beispiel, war mir zwar klar, doch hielt ich solche Erzählgedichte eher für schwächere Erzeugnisse der Dichtkunst. Das eigentliche Gedicht war ein kompaktes musikalisches Rätsel, war verschlüsselte Weisheit, ein Sprechen in Zungen, und Dichter waren Hohepriester, die mit ihren Gebeten oder Zauberformeln Zugang zu fremden Welten hatten. (Kleiner Einschub: Dichterinnen waren für mich und sind immer noch Dichter wie alle anderen.)

Was mich heute am meisten wundert, ist, wie ich, eine Schülerin der 11. oder 12. Klasse eines deutschen Provinzgymnasiums, die Zuversicht oder Selbstüberschätzung besitzen konnte zu glauben, dass ich einmal in den lichten Kreis dieser Hohepriester würde aufgenommen werden können.

Ich erzähle von diesen frühen Erinnerungen, weil sich mir das, was vielleicht bedenkenswert sein könnte an meinen Vorstellungen von Dichtung, nicht als ein Erkenntnisstand präsentiert, sondern als ein langer Gedankenweg, und mir, wenn überhaupt etwas, dann nicht die Zwischenstation, der Ausblickspunkt, an dem ich heute angelangt bin, von Interesse scheint, sondern vor allem der Weg dorthin. Es ist ja nicht so, dass man im Laufe der Jahre zu bestimmten Gewissheiten oder gar Regeln und Methoden fände, die man fortan nur noch anzuwenden oder nach denen man sich zu richten hätte. Nachdenken kann nur zu endgültigen Ergebnissen führen, wenn man irgendwann damit aufhört.

Zurück zum Gedicht. Eines Tages bin ich von ihm abgekommen. Warum?

Das Gedicht war meine Welt und von dort führte kein Pfad zum Roman, jedenfalls fand ich keinen, und ich suchte auch nicht danach; Romane schienen mir etwas für profanere Geister. Vom Gedicht führte aber durchaus ein Pfad zur Prosa, weg von den Vers- oder Pferdchensprüngen und hin zu fließenderen Rhythmen. Eine solche Fährte hätte ich natürlich auch in der deutschsprachigen Dichtung, bei Ilse Aichinger oder Günther Eich zum Beispiel finden können, aber die hatte ich mit achtzehn noch nicht entdeckt. Und von da an lebte ich in Frankreich und sah mich fortan mehr in der französischen, vielmehr in der französischsprachigen Literatur um. Ein Erlebnis, das mir den Weg zur Prosa, zu einer nicht erzählerischen Prosa eröffnete, hätte ich hier Rimbaud oder Mallarmé verdanken können, doch verdanke ich es vor allem einem Dichter und Künstler belgischer Herkunft, Henri Michaux, von dem Vieles ins Deutsche übersetzt ist – was eine Ermunterung zum Lesen sein soll –, darunter eben jener Band, der den heilsamen Schock bei mir auslöste: *Un certain Plume*, *Ein gewisser Plume*. Am Anfang des Bandes stehen eine Reihe kurze, „Lointain intérieur", also „Innere Ferne" betitelte Prosadichtungen, deren Anfang ich hier zunächst auf Französisch, dann in meiner Übersetzung zitieren will:

> „J'étais autrefois bien nerveux. Me voici sur une nouvelle voie : Je mets une pomme sur la table. Puis je me mets dans cette pomme. Quelle tranquillité!"
>
> „Früher war ich sehr nervös. Nun bin ich auf einem neuen Weg: Ich lege einen Apfel auf den Tisch. Dann begebe ich mich in diesen Apfel. Welche Ruhe!"

Diese wenigen kurzen Sätzen verblüfften und begeisterten mich so sehr, dass ich mich bald selbst auf einem neuen Weg wiederfand. Sie begeisterten mich doppelt. Es tauchte darin eine Gegen- oder Nebenwirklichkeit auf, die keine märchenhafte war. Denn ich wusste natürlich aus Büchern wie *Alice im Wunderland* oder aus Märchen, dass die Wirklichkeit der Bücher nicht mit der Wirklichkeit außerhalb der Bücher übereinstimmen musste. Doch glaubte ich, diese mir zwar ganz nett, aber auch etwas albern vorkommende Art der Erfindung, die sprechende Tiere hervorbrachte, Frösche, die sich durch einen Kuss in Prinzen verwandeln lassen, und kleine Mädchen, die durch einen Kaninchenbau in seltsame, ausgedachte Welten vordringen, sei eher etwas für Kinder. Dass sich jedoch das Alter Ego eines erwachsenen Menschen, ja, eines angesehenen, ernstzunehmenden Dichters, und ein solcher war Michaux, in einen Apfel zurückziehen konnte, um seine Ruhe zu haben, war mir neu. Das wollte ich auch können! Und im selben Moment konnte ich es auch schon, denn nichts war einfacher. Sehr viel weniger einfach war es, aus dieser neu gewonnenen Freiheit, quasi aus dem Apfelkern heraus, Dichtung zu schaffen. Immerhin hatte ich nach der Lektüre Michaux' die Erfahrung gemacht, dass es dazu nicht unbedingt gebrochene Zeilen, also Verse braucht, sondern dass sich Gedichte auch in Prosa schreiben lassen.

Wer über Gedichte zum Schreiben findet, käme nie auf die Idee, etwas Erlebtes oder Erinnertes gestaltlos und unmittelbar zu Papier bringen zu wollen, er weiß von Anfang an, dass es um eine Verwandlung geht, um ein wie auch immer gestaltetes Abrücken von sich selbst und den eigenen Erlebnissen.

Von Henri Michaux lernte ich noch etwas anderes, das ich ebenfalls von anderen, etwa von Paul Valéry und seinem Monsieur Teste oder von Brecht und seinem Herrn Keuner hätte lernen können: dass die Literatur nämlich nicht nur mit wirklichkeitsgetreuen Romanfiguren einerseits und erfundenen Märchengestalten andererseits bevölkert ist, sondern auch mit seltsamen Zwitterwesen, halb Mensch, halb Papier; halb Fleisch, halb Abstraktion. Doch durften diese Abstraktionen in meinen Augen keine als Gleichnis getarnten politischen Ansichten sein. Ich war mir sicher, dass Überzeugungen in der Literatur nichts zu suchen hatten. Littérature engagée: Quelle horreur! Schreckliche Sache. Wie weiter oben schon erwähnt, denke ich das mehr oder weniger immer noch. Sollen die Leute doch Essays oder Pamphlete schreiben, wenn sie meinen, die Verhältnisse anprangern oder ihre Weltverbesserungspläne zu Papier bringen zu müssen.

Doch womöglich ist die eigentliche *littérature engagée* woanders zu suchen, als wir denken. Wer als schreibender Mensch in einer Diktatur lebt, sich also nicht frei äußern darf, dem drängen Leid, Auflehnung, Wut zwischen die Zeilen, aus Angst vor Verfolgung versucht er, deren Spuren zu tilgen, aber gut versteckt, fast unkenntlich, als eine Art Geheimsprache, leben sie in seinen Sätzen oder Versen weiter. Sie sind viel zu tief verborgen, als dass uns für derartige Erzeugnisse der Begriff *littérature engagée* einfiele. Wer hingegen in einer Welt lebt, in der er genauso gut einen Zeitungsartikel oder ein Pamphlet schreiben oder seine sogenannte Meinung im Netz herausposaunen könnte, sollte die Literatur vielleicht besser damit verschonen. Kurz gesagt: Wenn das Engagement in der Literatur offensichtlich ist und sein darf, braucht es keins.

Aber zurück zu Michaux. Bei ihm findet die Revolution woanders statt, ihm geht es um die Abschaffung individueller geistiger und sprachlicher Unfreiheiten, und wer weiß, ob diese, wenn sie denn gelänge, nicht auch so manche gesellschaftliche Umwälzung bewirken könnte. Alle Wände geraten ins

Wackeln, wenn sein ‚Ich' oder seine ‚Plume' genannte Figur loslegt. Woran wir aus reiner Gewohnheit festhielten, unsere bequemen geistigen Übereinkünfte, fallen in sich zusammen. Beim Lesen dieses Bandes wurde mir zum ersten Mal richtig bewusst, wie unsinnig es ist, sich in der Prosaliteratur denselben Regeln zu unterwerfen wie in der sogenannten Wirklichkeit. (‚Sogenannt', denn die Literatur schafft ihrerseits eine Wirklichkeit.) Wozu die Welt nachbilden, wie sie dem allgemeinen Verständnis nach ist?, dachte ich. Was soll bloß diese Verdoppelung?

Auch das ist eine Frage, die ich mir immer noch stelle, wenn ich es mit einer bestimmten Form von Roman zu tun bekomme. Damals aber wurde mir die gesamte Romanliteratur suspekt. Was sind das für läppische Freiheiten, die ihr euch nehmt, wollte ich den Romanciers zurufen! Wenn jemand im wirklichen Leben Walter Klein heißt, nennt ihr ihn im Roman Werner Groß, und wenn ihr damals nach der Trennung mit, sagen wir, Tabea, rechts um die Ecke gegangen seid, biegt ihr im Roman links ab. Was ist los mit euch, wollte ich rufen, habt ihr denn gar keine Fantasie?

Im Science-Fiction-Roman kann sich eine Figur immerhin in die Zukunft, im klassischen Roman gerade mal in ein anderes Zimmer oder allerhöchstens auf einen anderen Kontinent begeben; bei Michaux aber, merkte ich, war alles drin. Es waren die verblüffenden Abweichungen von dem, was gemeinhin möglich scheint, die mir den Zugang zur Prosa verschafften. Die Figur ‚Ida', die in meinem ersten veröffentlichten Prosaband auftritt, ist vielleicht nicht gerade Michaux' ‚Plume' nachgebildet, aber sie steht doch unter dem Einfluss meiner Michaux-Lektüre, was erfreulicherweise bislang niemandem aufgefallen ist.

Henri Michaux ist bis zu seinem Lebensende Dichter, d. h. Lyriker und bildender Künstler geblieben, er hat nie einen einzigen Roman verfasst. So hätte es mit mir auch weitergehen können. Von dort, wo ich mit diesem ersten veröffentlichten Buch stand – in Frankreich und in französischer Sprache veröffentlicht, doch das ist ein anderes Kapitel –, von dort aus muss es aber einen Weg hin zu erzählender Prosa gegeben haben. Mir war nun aufgegangen, dass Poesie oder Lyrik nicht nur eine Sache der äußeren Form ist, sondern dass sich das Dichterische auch ganz anders äußern kann: in einer Verrückung des Standpunkts zum Beispiel, in einer größeren Freiheit im Umgang mit den Erscheinungen und deren Benennungen und Einordnungen, in der Verweigerung sprachlicher und geistiger Übereinkünfte. Oder auch ganz einfach: in der vorsätzlichen Vernachlässigung oder Missachtung von Proportionen. Bei dem französischen Schriftsteller Eric Chevillard, den ich bald zu lesen begann, ergab das zum Beispiel:

> „Er hob den Blick zu dem Wetterhahn, der auf der Kirchturmspitze stand. Träume ich oder hat dieser Hahn gerade eine Kirche gelegt?"

Viele werden das nicht besonders komisch finden; mit dem Humor ist es so eine Sache, meiner war schon immer ein bisschen abstrus. Über diese Stelle mit dem Wetterhahn musste ich damals laut lachen, und seitdem kann ich keinen Dorfkirchturm sehen, ohne an diesen gebärfähigen Wetterhahn zu denken. Hier hat jemand mehrere gängige Kategorien missachtet: Weder dass sowohl Hahn als auch Kirchturm leblos sind, noch dass die Proportionen nicht stimmen, hat ihn beeindruckt, und das ist es genau, was die Komik des Satzes ausmacht. Es ist, als sei dem Autor nur das Übereinander der beiden aufgefallen und als habe er alles andere ausgeblendet.

In dieser mir neuen literarischen Sphäre, die zugleich gar nichts Märchenhaftes hatte, waren die Begriffe ‚wahrscheinlich', ‚unwahrscheinlich', ‚möglich' oder auch ‚unmöglich' keine gültigen Kategorien. Hier lebte eine Sprache, die Antilopensprünge machen und fledermausartige Haken schlagen konnte, die schlangenhaft geschmeidig war, sich aber nie auf dem flachen Boden der Tatsachen dahinschlängelte, sondern unter der Erde oder freischwebend über unseren Köpfen, durch die Lüfte.

Ich war nun auf dem Neuland Prosa gelandet, hatte aber dort bereits Verwandte gefunden. Hier war es schön, hier war es sogar lustig, hier konnte ich mich mehrmals am Tag selber zum Lachen bringen. Hier wollte ich bleiben. Aber zum Verweilen ist das Leben, auch das literarische, ungeeignet. Zwar gibt es Autoren, die immer neu das gleiche oder doch ein sehr ähnliches Buch schreiben, unter den zeitgenössischen wären da zum Beispiel Wilhelm Genazino oder Patrick Modiano zu nennen, und es gibt die anderen, zu denen ich zu gehören scheine, die jedes Mal neu ansetzen. Dass es die einen so und die anderen anders halten, ist gewiss keine Frage der Entscheidung: Wir können wohl nicht anders. Es ist auch keine Sache der Qualität: Aus beiden Arbeitsweisen können gute und weniger gute Bücher entstehen.

Wer über Gedichte zum Schreiben findet, dem formt sich das zu Schreibende nicht selbstverständlich zu Geschichten. Das Gedicht lebt in freier Wildbahn, es bahnt sich seinen eigenen Weg, es kennt keine vorgezeichneten Bahnen, keine Handlungsabläufe und keine andere architektonische Struktur als die klangliche der ihm eigenen Fortbewegungsart. Der Roman hingegen folgt einer erzählerischen Logik, deren Regeln er beachtet oder bricht, er heftet sich an die Fersen seiner Figuren oder dringt ein in ihre Köpfe, er schafft Seilschaften, ein Beziehungsgeflecht. Er ist von anderem getragen als von Worten, er ist ein durchorganisiertes Gebilde, fast ein Gebäude, dessen Baumeister und zugleich Maurer, Dachdecker und Schlosser der Romancier ist.

Meine fünf ersten, bei Suhrkamp erschienenen Bücher verharrten auf der Seite des Gedichts, obwohl es Prosawerke waren. Sie streunten so vor sich hin, ohne Absicht, ohne Ziel und ohne die geringste Rücksicht auf Leserverluste oder -vorlieben. Das sechste, *Luft und Liebe*, erzählt eine Geschichte.

Warum dann irgendwann doch?

Vielleicht, weil ich eine erlebt hatte?

Hatte ich denn vorher keine erlebt?

Was ist eigentlich eine Geschichte, eine gelebte, meine ich, was macht sie aus? Fügt sich nicht alles Erlebte zu Geschichten?

Keineswegs.

Und warum nicht? Worauf kommt es an? Auf das Erlebte selbst? Oder vielmehr darauf, wer es erlebt? Gibt es womöglich Menschen, Geister, Gehirne, die in den Geschehnissen rückblickend nichts als unentwirrbare Knäuel entdecken, während anderen alles Erlebte augenblicklich zu Geschichten gerinnt, wie das Auge elektromagnetische Lichtwellen unwillkürlich in Bilder verwandelt? Wer oder was schafft diese Ordnung, diese Zusammenhänge, wer oder was verwandelt den Wust des Erinnerten in Geschichten? Warum bleibt manches bis zum Ende unentwirrbar, anderes rundet sich, löst sich und driftet ab, wird zu einem eigenen kleinen Kontinent? Nach jahrzehntelangem Schreiben bestehen meine gesammelten Erkenntnisse hauptsächlich aus gesammelten oder sammelbaren Fragen.

Moderne Literatur hat den Ruf, am liebsten die Gestalt fragmentarischer, sprunghafter, unzusammenhängender oder assoziativer Prosa anzunehmen, ohne Anfang und Ende; das allmähliche Ausrollen einer Geschichte, eine kontinuierliche Art des Erzählens gelten, oder galten jedenfalls lange, als unzeitgemäß. Doch wird es wohl Gründe haben, warum Menschen sich seit jeher Geschichten erzählen. Das Erzählen oder Besingen von Ereignissen ist so uralt wie die Literatur selbst, und nun kommen wir plötzlich und erklären es für altmodisch? Wie kann etwas altmodisch sein, was alle Epochen überdauert? Fängt nicht etwas an schiefzugehen, wenn wir beim Schreiben unsere Vorstellung davon, was Literatur sein sollte und wie sie auszusehen habe, zum Ausgangspunkt nehmen? Wenn wir also modern oder ‚experimentell' sein wollen? Eine der seltenen Gewissheiten, zu denen ich im Lauf der Jahre gelangt bin, ist, dass das zu Schreibende, wenn es wert sein soll, festgehalten zu werden, nicht die Gestalt annehmen darf, die irgendeine Vorstellung von Literatur, sei sie noch so einleuchtend oder berauschend, ihm aufzwingen. Am Anfang steht beim Schreiben nicht Literaturgeschichte und auch kein Wunschbild von moderner Dichtung, sondern ein einzelner Mensch, der mit all seinen geistigen und sinnlichen Möglichkeiten in der Welt steht und ihr, die sie auf ihn einwirkt auf vielerlei Weise, etwas erwidert. Die Form, die diese Erwiderung annimmt, ist in diesem Einzelnen selbst angelegt, in den Fragen, die er sich stellt, in den Orten und Menschen, zu denen es ihn zieht, dem Blick, den er auf alles ihn Umgebende wirft: in seinem besonderen In-der-Welt-Sein. Unter all den verschiedenartigen Erscheinungen, auf die der Einzelne reagiert, sind auch Werke der Vergangenheit: In der Welt, in die wir geworfen sind, gibt es auch angehäuftes Wissen und fremdes Erleben und Schaffen, unter anderem gibt es Bücherregale und Bibliotheken, und auch darauf, auf das Gelesene, nicht nur auf unsere unmittelbare

Umgebung, antworten wir schreibend – manchmal dagegen anschreibend oder gar -schreiend, manchmal im friedlichen Zwiegespräch.

Immer aber gilt: Nichts ist weniger originell, als Originalität anzustreben. Die Erzeugnisse von Originalitätssuchern fallen uns aus den Händen, wie die Franzosen sagen würden, sie entgleiten uns, sie interessieren und berühren uns nicht, sie tragen uns nicht. Was mich unterscheidet von anderen, kann ich erspüren und vielleicht sogar pflegen, aber ich kann es nicht erzwingen.

An dieser Stelle wird mir bewusst, wie gut es wohl ist, dass ich nur so selten zu Erkenntnissen gelange und noch seltener glaube, diese anderen auch mitzuteilen zu müssen, denn eine in Worte gefasste Erkenntnis tut augenblicklich so, als wäre sie allgemeingültig, und mit diesem Anschein des Allgemeingültigen geht auch gleich ein Eindruck von Falschheit einher.

Aber zurück zur Geschichte. Ich hatte also eine erlebt, eine kleine, runde, scheußliche Geschichte, und die wollte ich aufschreiben, auch wenn runde Geschichten unmodern waren und ich mir gewünscht hätte, mein Leben hätte sich mir anders präsentiert, am besten so kaleidoskopartig aufgesprengt und zerrissen, wie es der neueren literaturgeschichtlichen Entwicklung angemessen gewesen wäre, aber man sucht sich's nicht aus, nicht wahr, meine Geschichte stand als gerade Linie vor mir und nicht als Knäuel oder als zerbrochener Spiegel, sie hatte einen klaren Anfang und ein so klares Ende, als hätte sie jemand nach einem Jahr mit der Axt durchtrennt, und zwischen diesem plötzlichen Anfang und diesem abrupten Ende hatten sich mir alle Etappen ins Gedächtnis geritzt. Gewissermaßen war es, als hätte ich nicht mein Leben, wie ich es bis dahin kannte, sondern eine Novelle oder einen Roman erlebt. Na, dachte ich, das ist doch mal freundlich von diesem Leben, dass es mir quasi einen fertigen Roman auftischt, auch wenn dieser dumm und rund und scheußlich ist. Den brauche ich ja quasi nur noch vom Leben abzuschreiben, dachte ich. Und ich fing an zu schreiben und schrieb und schrieb, ich hatte die Geschichte ja gerade erst erlebt, alle ihre Einzelheiten waren mir noch sehr präsent, ich schrieb also hundert Seiten in wenigen Wochen, bis ich merkte, dass sie besser im Papierkorb als in einem Buch aufgehoben waren.

Woran merkte ich das? Und wieso war ich mir so sicher? Ich hatte mir die Geschichte von der Seele geschrieben, hatte sie aus mir herausschleudern müssen, ohne den geringsten Abstand dazu zu haben. Es war nicht mein erstes Buch, und ich hätte schon vorher wissen können, dass so nichts daraus werden würde, aber die Geschichte war wie ein Kleid gewesen, das Feuer gefangen hat, ich hatte es loswerden müssen und hatte keine Zeit gehabt zu überlegen, wie. Jetzt musste ich sie mir nehmen. Und merkte sogleich, dass ich, obwohl das Manuskript im Papierkorb lag, um einiges weitergekommen war. Als literarische Erzählung war die Geschichte unübersehbar misslungen, aber sie hatte sich verdoppelt: zu der von mir erlebten und erinnerten Geschichte war die aufgeschriebene hinzugekommen. Die Geschichte existierte nun außerhalb meiner selbst, sie war zu Papier geworden.

Ich fing auf der Stelle noch einmal von vorne an. Und nun erzählte ich nicht mehr die kleine runde scheußliche Geschichte selbst, sondern die Geschichte eines missratenen, im Papierkorb gelandeten Manuskripts. Im Papierkorb bist du gut aufgehoben, sagte ich zu meiner Geschichte und lachte sie aus. Wie gut es mir tat, mich über sie lustig zu machen! Die erlebte Geschichte war eine äußerst demütigende und schmerzliche, und ich hätte nicht noch die zusätzliche Demütigung ertragen, mit Trauermiene meinen Schmerz und meine Demütigung zur Schau zu stellen. Es gibt Erlebnisse, merkte ich, die muss man nicht nur erzählen, sondern auch besiegen. Was nicht etwa bedeutet: sich selber als Sieger darzustellen, sondern eine Erzählweise zu finden, die einem aus der jämmerlichen Rolle, in die man geraten war, wieder heraushilft, indem man sie selbst belächelt. Ein solcher Taschenspielertrick, wie ich ihn aufgetan hatte, lässt sich nicht im Voraus ersinnen; nur aus Notwehr, im verzweifelten Bemühen, etwas Erlittenes zu überstehen, sich in einem rückwärtsgewandten Aufschrei oder Gelächter darüber zu erheben, können sich derartige literarische Verteidigungsmöglichkeiten auftun.

Von nun an war mein Widerstand gegen das Geschichtenerzählen, sogar gegen das sogenannte ‚lineare', gebrochen. Was mir bis dahin hoffnungslos veraltet erschienen war und weit entfernt von dem, was ich mir von Literatur erhoffte, lag nun in anderem Licht vor mir. Zugleich war es, als hätte mich das soeben Erlebte – sagen wir ruhig Erlittene – als neuen Menschen in die Welt geschleudert und von meiner Blindheit, meinem nach innen gerichteten Blick geheilt.

Denn: Poetik, Poetik, was tust du nur immer so leblos und trocken, willst uns glauben machen, du seist ein Ideenkonstrukt, aus Büchern geboren und zu Büchern zurückkehrend und dazwischen nichts als ein ungebackener Gedankenblätterteig, dabei bist du aus unserem Sehnen, unseren Enttäuschungen und Blamagen hervorgegangen, aus Wut und Freude und Traurigkeit und Scham! Du bist nicht so, wie wir dich gerne hätten. Du bist, wie du nicht anders sein kannst. Und deine Bücher sind, wie sie – nicht nur rückblickend – anders nicht sein konnten. Es konnte nicht anders sein, als dass nun, da mir die Augen aufgingen, andere Menschen auf den Plan traten. Mehrere meiner jüngsten Bücher sind ‚wirklichen Menschen' gewidmet, lebenden und toten, die im Buch eine andere Wirklichkeit annehmen als im Leben.

August (Ein bürgerliches Puppentrauerspiel) erzählt von Goethes einzigem Sohn August.
Ahnen (Ein Zeitreisetagebuch) geht auf die Suche nach meinem Urgroßvater Florens Christian Rang.
Kirio erträumt das Leben eines mir nahen Menschen in Gestalt einer gottlosen Heiligenvita.
Annette, ein Heldinnenepos besingt das Leben der Anne Beaumanoir.

Es klingt unglaubwürdig, aber es wird mir tatsächlich jetzt erst bewusst, dass all diese Bücher andere Menschen – nicht zum Gegenstand, sondern sagen wir zur Lebenslinie haben.

Doch warum steht so gut wie nie ‚Roman' und noch weniger ‚Biografie' auf den Buchumschlägen, sondern eben: Zeitreisetagebuch, Puppentrauerspiel, Heldinnenepos? Also was jetzt: Fiction oder Non-Fiction?

Die Antwort fängt damit an, dass ich die Unterscheidung in Frage stelle, wonach Literatur eine Sache der Erfindung ist und ein Sachbuch nicht. Ich verstehe, dass Buchhändler ihre Bücher in Regale stellen müssen, und auch zu Hause kann es sinnvoll sein, eine Ordnung in seine Bücherregale zu bringen, aber der Kopf ist rund und hat keine Stellwände für Regale. Zwar sehe ich wohl, dass es einen Unterschied gibt zwischen einer Biografie und einem Roman, doch liegt dieser in meinen Augen weniger im Wahrheitsgehalt als in der Schreibweise. Ein anderer Unterschied besteht darin, dass ein Biograf verschweigt – vielleicht, weil es ihm gar nicht bewusst ist –, welchen Anteil seine Einbildungskraft bei der Wiedergabe der von ihm recherchierten Lebensgeschichte hat. Gewöhnlich gibt er vor oder glaubt er daran, dass seine Darstellung auf Fakten beruht, und das stimmt ja auch, nur liegt die Betonung auf ‚beruht'. Kein Biograf beschränkt sich auf rein faktisches Wissen, sonst würde wenig mehr als eine Liste von Daten zustande kommen. Wer die Fakten aber miteinander verbinden, wer ein Leben also *erzählen* will, kann gar nicht ohne Fantasie auskommen. Und so habe ich, als ich einmal die Biografie eines lebenden Schriftstellers aufschlug, den ich recht gut kannte, als Erstes gedacht: Aber was erzählt er denn da, das stimmt doch gar nicht! Was eine faktische Darstellung zu sein schien, hatte sich der Biograf irgendwie zusammengereimt.

Nun sind wir mit dem Wort ‚zusammengereimt' wieder beim Vers angelangt. Meine Vorgehensweise in den biografischen Büchern ist der des Biografen in gewisser Hinsicht diametral entgegengesetzt: Wo er seine Objektivität und sein Wissen hervorhebt – eine Objektivität, die natürlich nur eine angestrebte sein kann –, betone ich meine Subjektivität und mein Nicht-Wissen, oder sagen wir, mein unzulängliches Wissen, und das nicht aus einer literarischen Notwendigkeit heraus, sondern weil es mir ehrlicher erscheint.

Oder ist Ehrlichkeit etwa eine literarische Notwendigkeit? Sollte es doch eher Poethik heißen? Ich neige fast dazu zu denken: ja. Nicht, dass ich jegliche Erfindung unter Verdacht stellen würde, gewiss soll weiter ersonnen und erträumt werden. Nur muss, scheint mir, Erfindung als solche auch kenntlich gemacht werden; sie darf, wenn sie das Erleben wirklicher Menschen erzählt, nicht die Illusion von Wahrheit erwecken – das kann und will ich zwar anderen nicht verordnen, aber mir selbst stellt es sich dar als ein Gebot. Wenn hinter den Figuren eines Buches erkennbar reale Menschen stehen, genügt es nicht – und das nicht nur in juristischer Hinsicht –, ‚Roman' auf das Cover zu schreiben, um mit ihnen verfahren zu können, wie es einem beliebt. Das scheine nicht nur ich zu spüren. Deshalb suchen viele schreibend nach Auswegen.

Der gängigste Weg aus diesem Dilemma ist die Verfremdung, was meistens damit beginnt, dass Menschen im Buch einen anderen Namen bekommen. Der Weg, den ich in *August* und in meinem „Heldinnenepos" gefunden habe, ist ein anderer: Weder habe ich die Menschen, von denen ich erzähle, umgetauft, noch habe ich willentlich etwas anders dargestellt, als es meinen Kenntnissen nach war, noch habe ich etwas hinzuerfunden. Ich habe mich – darin ähnlich dem Biografen, nur ohne dessen Anspruch auf Vollständigkeit – darauf beschränkt zu erzählen, was ich über ihr Leben in Erfahrung hatte bringen können. Warum sind trotzdem keine Biografien daraus geworden?

Unter anderem, weil ich, auch wenn ich noch viel mehr über diese Menschen herausgefunden hätte, doch nie ihr ‚wahres' Leben gekannt hätte. Das wahre Leben wird gelebt. Dann versinkt es immer tiefer in der Vergangenheit und kann von uns nur bruchstückweise geborgen und anschließend nur mit unseren fremden, heutigen Augen betrachtet werden. Ich konnte also nicht erzählen, wie diese Leben wirklich ausgesehen hatten, und es widerstrebte mir stark, diese Illusion zu erwecken. Und so kam ich auf die Idee, mir ein solches Leben *zusammenzureimen*, also in Verse zu bringen. Damit schon im Satzspiegel deutlich würde, dass hier nicht *die* Wahrheit über das Leben der Anne Beaumanoir oder des August von Goethe vermittelt wird, sondern dass hinter der Erzählung jemand steckt, der vieles nicht weiß und manches nicht versteht, aber sich einen Reim auf diese Existenzen zu machen versucht.

Mit dem erzählenden Vers bin ich wieder bei der Lücke angelangt, bei der Lücke, die der Zeilensprung in den Satz schlägt und die nicht die Ruhe eines Punktes hat, sondern eher ein kurzes Atemholen ist, ein immer wieder neu Angestoßen-Werden und Mit-Springen und Abfedern wie beim Gehen, wenn der Weg bald holprig, bald steil, bald sanft abfallend ist. Wie ein Gehen in Gesellschaft von Gespenstern. Von Gespenstern Figuren gewordener Menschen. Und von den mal vielen, mal wenigen Mit-Gehenden, die auch Leserinnen und Leser heißen.

Lektürehinweise

Thomas Stangl und Anne Weber: Über gute und böse Literatur. Korrespondenz über das Schreiben, Berlin 2022.
Anne Weber: Ida erfindet das Schießpulver. Geschichten, Frankfurt a.M. 1999.
Anne Weber: Im Anfang war, Frankfurt a.M. 2012.
Anne Weber: Annette, ein Heldinnenepos, Berlin 2020.
Anne Weber: Tal der Herrlichkeiten. Roman, Neuauflage Berlin 2021.
Anne Weber: Ahnen. Ein Zeitreisetagebuch, Neuauflage Berlin 2023.
Anne Weber: Bannmeilen. Ein Roman in Streifzügen, Berlin 2024.